Contents

3

Foreword

As First Minister I am delighted to have the opportunity to write the foreword for the latest publication of Doric Poetry, Nae Bad Ava! This is an unco guid buik fae 'Tattie Soup' richt throu tae 'Spanish Holiday', braw verse, bonnie picturs and fun on ilka page. I am in no doubt that this publication will serve many purposes too. It combines fun and learning and I hope it will encourage future generations to use and enjoy our Scots heritage.

Nae Bad Ava! follows the success of the Doric Book of Verse, 'Fit Like, Yer Majesty?', and is a true celebration of the culture and linguistic heritage of the North East of Scotland. This anthology is aimed primarily at 3-8 year olds, and has two purposes. Firstly as a key curriculum resource for schools and pre-school establishments in helping to deliver the Curriculum for Excellence, and secondly it is aimed at bringing enjoyment and pleasure to a range of readers.

In this book 22 poets aged from 9 years to 92 years have displayed their talents and their love of the language. I am sure this will appeal to a wide ranging audience. I would also like to encourage both children and adults to read this book, enjoy the verse and look for other opportunities to learn about and use Scots. The Reading Bus is a groundbreaking and inspiring project. It has put Aberdeen on the map and as the first of its kind it has attracted a lot of interest both locally and nationally. I would like to commend all those who have contributed to this project and wish them every success with future initiatives. Well done!

First Minister, Alex Salmond MSP

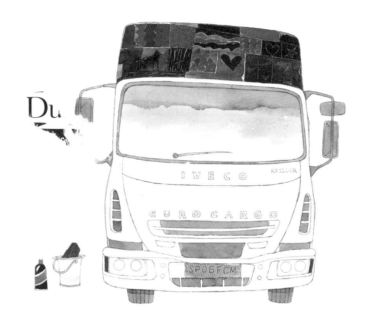

Nae Bad Ava!

Mair Doric Poems
compiled by The Reading Bus

with illustrations by Bob Dewar
Edited by Sheena Blackhall, Bill Burnett
and Les Wheeler

Published in the United Kingdom in 2009 by

Reading Bus Press

Reading Bus Depot, Kittybrewster School, Great Northern Road, Aberdeen AB24 3QG

ISBN 978 0 9558 904 8 2
www.readingbus.co.uk
Copyright © Reading Bus Press 2009

Illustrations copyright © Bob Dewar
Text copyright © The Contributors

Edited by Sheena Blackhall, Bill Burnett and Les Wheeler
Project Managed by Jenny Watson, Reading Bus Co-ordinator
Grunny's Flee is based on an original rhyme from Lossiemouth

Designed by Julie Barclay
Printed by Scotprint, Haddington

A catalogue record for this book is available from the British Library

2

Definition of Doric
Aberdeen University's Elphinstone Kist is a resource dedicated to the preservation and promotion of the Doric. The publishers of this anthology wish to be identified with the Kist's definition of the Doric ie "the distinctive Scots of the North-East affectionately known as the Doric."

Tattie Soup

Het tattie soup! Fit Fine! That's braw!
Maks the caul in ma fingirs gang awa
That warm weet stuff's tricklin doon tae ma wame -
I'm oot o the rain and gled tae be hame.

Grace Banks

We Like Tae Sing

We like tae sing, Tra-la-tra-la
We like tae sing, Tra-la,
'Three Craws' or 'Bonnie Strathyre',
We sing aathing in oor choir,
Even 'The Muckin o Geordie's Byre'.

We like tae sing, Tra-la.

Les Wheeler

Grunny's Flee

Oh me me!
Ma Grunny catcht a flee:
She roastet it,
And toastet it.
An hid it tae her tea! Yughh!

Laura Owen

Ma Sweetie

Ma half sooket sweetie is stuck tae the wa,
I hope fin I'm sleepin my sweetie disna fa;
Fin I waken in the mornin, if it's nae stuck tae the flair
I'll tak it an wash it an sook it some mair.

Kevin Addison

Sisters

There wis a fine quinie caad Neave,
Fa deen things it's hard tae believe;
Fin Erin, her sister
Loupit up an kissed her
She wipet her mou on her sleeve.

Brian Whyte

Flapper the Whale

Fin Flapper the whale sets aff for the skweel,
He wallops his tail an blaws his tap;
He staps his bag wi crisps an juice,
An aff he sweems wi a flappety flap!

Sheena Blackhall

Hairdos

Ma brither Jimmy shaved his heid an he pierced his lug,
Ma sister Annie's curled her hair like a mongrel dug,
Mam his covered up the grey wi some blondie streaks,
An aa the hair that Daddy his can gyang uncut for weeks.
An me ? - Weel check this hairdo, my spikes aa hard wi gel,
"The Coolest Dude in Buchan," even tho I say't masel!

Helen Harrower

Astronaut

Astronaut, astronaut, far hiv ye been?
I've bin fleein roon Mars an the Meen

Astronaut, astronaut, fit did ye there?
I paintet a rainbow tae hing in the air.

Sheena Blackhall

Spanish Holiday

Maisie Christie flew tae Spain
Because she didna like the rain;
She sunbathed on a plastic boat,
She fell asleep, an aff did float.

A pirate, mermaid, an a seal
Upon the boatie climmed as weel;
It sank, sae Maisie had tae sweem
Aa the wye back tae Pittenweem.

Sheena Blackhall

Skinny Malinkie Turkey Legs

Skinny malinkie turkey legs
Pintie, lang beake.
Gid tae the fairmyard,
But couldnae find nae mett.
Fin the fairmer cam by,
Bubbly Jock said "Aye, Aye!"
Fin the fairmer gid awa,
Bubbly Jock said "Au revoir."

Primary 5/6 Alford Primary

18

Granda's Aipple Tree

My Granda's got an aipple tree an it's an afa size;
An you shid see his aipples, they cud fairly win a prize.
But Granda his a problem - the birds like aipples tee,
And he canna stop them pickin at ilkie een they see.

So he thocht a file, an thocht a file, syne gied his pow a claw,
Then he hid a gweed idea foo tae scare the birds awa:
Some aul CDs he huntit oot and hung them up, ye see,
He's fairly scared the birdies wi his winnerfu CD tree.

Vi May

A Scutter

Grumpy, girnie, greetin face
Hid tried tae mak the tea,
But he'd burst the mealie Jimmy
An hid tatties throu the bree.
The dumplin biled oot ower the pot
An turned oot weet an sappy,
The cleanin up teen twice as lang:
Nae winner he's nae happy!

Jim Bremner

Fish Fingirs

I kent fish hid tails,
Fower fins an twa een,
But a fish wi ten fingirs
I nivver hiv seen!

Les Wheeler

24

A Letter Tae Santie

I'm writin a letter tae Santie,
I ken fit I'm sickin, ye see.
Mam says nae tae spear for onything ower dear,
"Santie's nae made o money," says she.

Bit aa that I'm needin's a rubbit,
Me and ma Dad's made his hutch.
I'll gie him fine mett an strae tae keep hett,
A wee rubbit's nae sickin ower much?

Helen Harrower

The Magic Neep

In Darren's gairden grew a neep,
A magic neep as big's a coo,
He needed help tae howk it oot
Because it wis ower big tae pu.

Sae Darren rugged, his mither rugged,
His sister, granny, brither rugged;
It wadna budge. A moosie, stoot
Jyned in. Kerplunk! The neep popped oot!

Sheena Blackhall

26

Forkietails

A fushionless aul forkietail hid bairnies echt or nine.
She trachled ay tae coont them but they widna bide in line.
The big eens nippt the little eens an gart the craturs greet.
And they widna tak a tellin fin she telt them nae tae dae't.
She keepit them alow a sclate tae save them fae the rain.
But syne there cam a thunnerplump that sloshed them doon the drain!

Eric White

Ma Pet

I eence hid a caterpillar for a pet,
I gied him cubbidge for his mett,
Bit ae day he wisna here at aa,
He'd sprooted wings an fleen awa!

Kathleen Craig

28

Scootin Aboot

The bell on ma scooter gings toot, toot, toot,
It aye gings ding fin I ging oot.
Fine am I, fleein high,
Free as doos up in the sky.

Annie Inglis

Ficherin

Mi brither's got a computer
An I wid like een tee
He kin mak aathing jump aboot,
Wi the moosie mak things flee,
But he winna gie's a shootie o't
An dad says at's nae fair.
Come on noo Jimmy, gie Bobby a shot
Ye really hiv tae share.

Vi May

Horace

Horace, a wee dinosaurus
Had affa bad hiccups in Forres —
"Haud yir breath fur a filie,"
Said vet, Mr Wylie, —
Noo there isnae a HIC oota Horace!

Ali Christie

Kittlins

Twa wee kittlins sat on a waa
Een wis sookin on his paa
The ither wee kittlin wis miaowin braw
Alang cam a dug an they baith ran awa!

Norman Innes

Chicken Pox

Ma sister's got the Chicken Pox,
She's covered fae heid tae fit,
Wi muckle reid spots an coorse yalla plooks,
She's a maist byordner sicht!

She pickit them up at the Nursery,
They'll nae dae her ony great hairm
Bit I thocht wi something caad Chicken Pox,
She'd hiv pickit them up on a fairm!

Helen Harrower

Strange Mannie

I ken a strange mannie caad Pa
Fa blew up a muckle fruit sta,
The aipples,
The cherries
Bananas an berries
Were splattered aa ower the wa!

Vincent McCafferty, Alford Primary

Racquamdani

Racquamdani wis a funny wee mannie,
Fa cam fae the Kingdom o Zeed.
He'd bells on his taes, wore gie baggy cleys,
An a toorie stuck on til his heid.
He used his hair for stuffin his chair,
Slept on a beddie o nails.
He'd a fridge made o silk for keepin his milk,
That cam fae his coo herd in Wales.

Brian Whyte

A Nuttery Rhyme

Jack be nimble, Jack be quick,
Jack loupit ower the cannelstick;
Bit losh, he shoulda loupit higher
Because he set his breeks on fire.

Brian Whyte

Ocht!

The Wind Ferm

Ae day fin I wis climmin up the Hill o Bennachie,
Throu the misty, hazy licht I thocht that I cud see
A gang o folk aa dressed in fite, waving their airms at me.

There wis at least a dizzen stannin tall and thin – eerie!
Gently wavin an circlin twa airms – or wis it three?
Gently wavin an circlin, becknin me ower tae see.

Celia Craig

42

Tesco

Tae Tesco, tae Tesco
Tae buy DVDs,
Hame again, hame again,
Jiggeldy jees.

Tae Tesco, tae Tesco
Tae buy a Pot Noodle,
Hame again, hame again,
Jiggeldy joodle.

Liz Niven

Fit For Life

Fit will we hae
For oor dinner the day?
Low cholesterol an nae ower much fat!
We'll hae salad, nae doot
An a bittie o fruit
Then we'll aa feel much better for that!

Les Wheeler

Coontin Rhyme

Ae fingir, twa fingirs,
Three fingirs, fower:
Five maks a hale han
An then we cross ower.
Six fingirs, sivven fingirs
Echt, nine, ten:
Back tae the ither haun
An start aa ower again.

Les Wheeler

Coontin Yer Chuckens

Twa hens roon aboot ma feet,
Anither on her nest.
Three are busy scrattin grass
Nivver haein a rest.
Fower are sittin neth the hedge,
Noo, that is quite a lot!
Aa they hens belang tae me,
Foo mony hiv I got?

Les Wheeler

The Loch Ness Monster

The Loch Ness Monster swallaed a skweel,
Fit a feel, she swallaed a skweel,
She'll be nae weel.

The Loch Ness Monster swallaed a Grunny,
Wi a face like a mannie, tae eat as a sannie;
She swallaed the Grunny to jyne the skweel,
Fit a feel tae swallae a skweel,
She'll be nae weel.

The Loch Ness Monster swallaed a coo,
Raxxed her mou an swallaed a coo;
She swallaed the coo tae jyne the Grunny…

The Loch Ness Monster swallaed some thistles,
Wi a wheech an a whistle, tae bigg up her muscles;
She swallaed the thistles tae jyne the coo…

The Loch Ness Monster swallaed a troot,
Wi a bittie o fruit, she swallaed a troot;
She swallaed the troot to jyne the thistles…

The Loch Ness Monster swallaed a flee,
Unner a tree, it stung like a bee;
She swallaed the flee tae jyne the troot…

The Loch Ness Monster swallaed a larry,
Driven alang bi Barry an Harry;
She swallaed the larry tae jyne the flee…

The Loch Ness Monster swallaed a cuddy,
At the eyn o its snoot wis a dollop o chuddy;
She swallaed the cuddy tae jyne the larry…

The Loch Ness Monster swallaed a Ben
At quarter tae ten, wi a muckle fat hen;
She swallaed the Ben tae jyne the cuddy …

The Loch Ness Monster ate Aiberdeen
It broke her speen!

Primary 5, Cornhill School

52

Fire In The Hen-Hoose

Fire in the hen-hoose.
Chuckens on the run!
Help! Phone the fire brigade,
Afore the eggs aa burn.

Fergus the fireman
Has arrived noo wi a hose.
Quick! Pit the fire oot.
The reek's gaan up ma nose!

Laura Owen

Ma Grunny's Cat

Ma Grunny his a muckle cat, twa meters lang, at least,
It's crabbit is the day is lang, a contermashios beast,
Its een are black, its lugs half-chawn, it spits an glowers aa day,
It's nae the kinda beastie, yon, wi fit ye'd wint t'play.

It's coorse, a cyard, it's clivver tee, mair sleekit than the lave.
It's jist the beast tae sort me oot fin I shid misbehave.
I've nivver seen ma grunny's cat, an at's an afa shame
Cause every time I visit her, the cat's awa fae hame.

Bob Mitchell

Snailie

Slivvery, slivvery, bubbly snoot,
I am the snail fae the watter spoot;
I cairry ma hoosie upon ma back,
An draa in ma heid fin the skies are black.

Sheena Blackhall

Bodies

Fit for walkin
Haun for haudin
Moo for talkin
Lug for hearin
Een for seein
Neb for smellin
Fit a taedae withoot them!

Liz Niven

Molly Emslie's Dug

Molly Emslie's got a dug,
He keeps her safe fae harm;
He sleeps aside her in her bed,
Tae keep her duvet waarm.

Sheena Blackhall

58

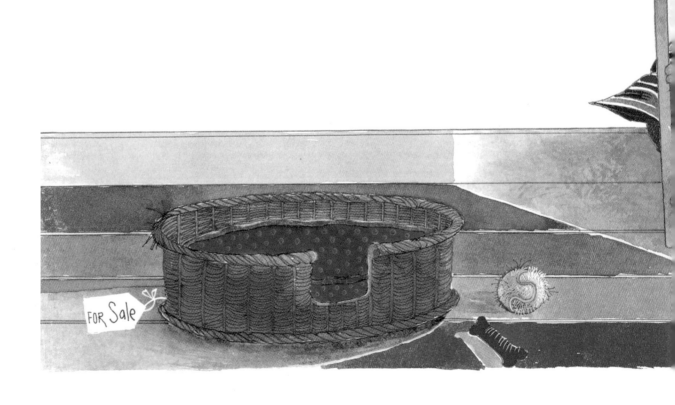

Pets

I eence hid a doggie, he wis fite an black,
Bit he howkit up ma Daddy's seeds he'd plantit oot i' back,
I eence hid a cattie fa on ma lap wid sit,
But she raivelled up ma Grunny's wool fin she wis tryin tae knit.

Kathleen Craig

Grunny's Sair Feet

Ma Grunny his affa sair feet,
Sae sair it cud gaur her greet
Her haimmer taes an aa yon corns
Gies her jip; so roll on the morn.
She's gaan tae the mannie thit dis her feet
She canna wyte, it's her biggest treat.

Margaret Boyd

The Veggies' Olympics

Rinner beans are affa fit,
Sproots are fine an swack;
Pizzers loup like kangaroos
Hurdlin roon the track.
Lang leeks loup ower sanny pits,
Carrots throw the haimmer:
Nellie Neep, she bides at hame;
I canna say I blame her.

Les Wheeler

64

Terry the Tarantula

Terry the tarantula rins aboot the hoose,
In ahint the curtain
Like an echt-leggit moose.
Ca-canny pussy,
Dinna chase that thing!
For he micht get ye wi his muckle great sting.

Les Wheeler

Mister Minger

Mister Minger's got leathery skin,
A baldie heid an a stibbly chin;
He etts fajitas an chaws the plate,
An I think Mister Minger's great!

Sheena Blackhall

Pussy Cat

Pussy cat, pussy cat time for yer beddie,
I'll cairry ye oot tae yer ain little sheddie.

I'll stroke yer black fur an mak it like silk,
I hinna forgotten yer saucer o milk.

Gweednicht, gweednicht tae ma dearest wee puss,
I'm sae glad ye came tae bide in oor hoose.

Winnie Brown

Meg The Midgie

My name is Meg the Midgie,
An I come fae Aiberdeen.
I'd like tae bite yer neck an
Bum an aa bits in between!

Pauline Cordiner

Ferlies

There's ferlies bide in oor hose, they div, I tell ye true!
They bide aneth the fireplace, weel doon, an oot o view.
They nivver come in sunlicht, but hide the live lang day;
They sleep until the nicht comes, and then come oot tae play.

They dunce, they sing sae sweetly, a sad an bonnie sang,
It's like a bairnie greetin, bit disnae lest for lang.
But yet I think they're magic, the ferlies in oor hoose;
For only I can see them fin I'm quaet as a moose.

Annie Inglis